Impressum
Verlag: BABADADA GmbH, Nedderfeld 112 , 22529 Hamburg
Geschäftsführer / Verlagsleitung: Harald Hof
Druck: Books on Demand GmbH, In de Tarpen 42, 22848 Norderstedt

Imprint
Publisher: BABADADA GmbH, Nedderfeld 112 , 22529 Hamburg, Germany
Managing Director / Publishing direction: Harald Hof
Print: Books on Demand GmbH, In de Tarpen 42, 22848 Norderstedt

學校

школа

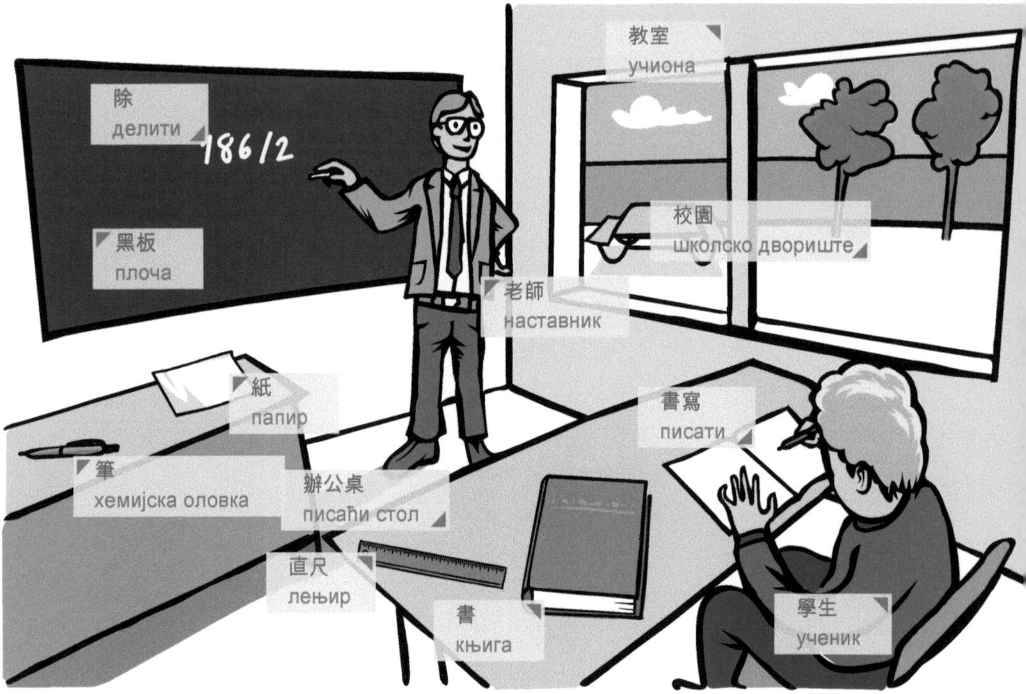

教室
учиона
除
делити
186/2
校園
школско двориште
黑板
плоча
老師
наставник
紙
папир
書寫
писати
筆
хемијска оловка
辦公桌
писаћи стол
直尺
лењир
書
књига
學生
ученик

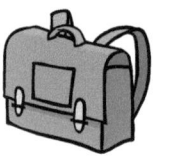

書包

торба

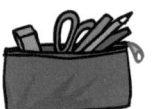

鉛筆盒

перница

鉛筆

графитна оловка

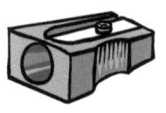

削鉛筆機

шиљило за оловке

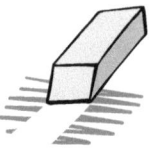

橡皮擦

гумица за брисање

畫板

блок за цртање

圖畫

цртеж

畫筆

кист

顏料盒

кутија са бојама

剪刀

маказе

膠水

лепило

練習冊

бележница

家庭作業

домаћи задатак

12

數字

број

2+2

加

сабирати

5-2

減

одузимати

2×2

乘

множити

計算

рачунати

A

字母

слово

ABCDEFG
HIJKLMN
OPQRSTU
VWXYZ

字母表

абецеда

hello

字

реч

課文

текст

讀

читати

粉筆

креда

上課

час

登記

дневник

考試

испит

證書

сведочанство

校服

школска униформа

教育

образовање

百科全書

лексикон

大學

универзитет

顯微鏡

микроскоп

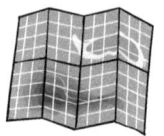

地圖

карта

廢紙簍

кошара за папир

旅行

путовање

Grand
飯店
хотел
青年旅社
преноћиште
ROOMS
外幣兌換處
мењачница
手提箱
кофер
汽車
ауто

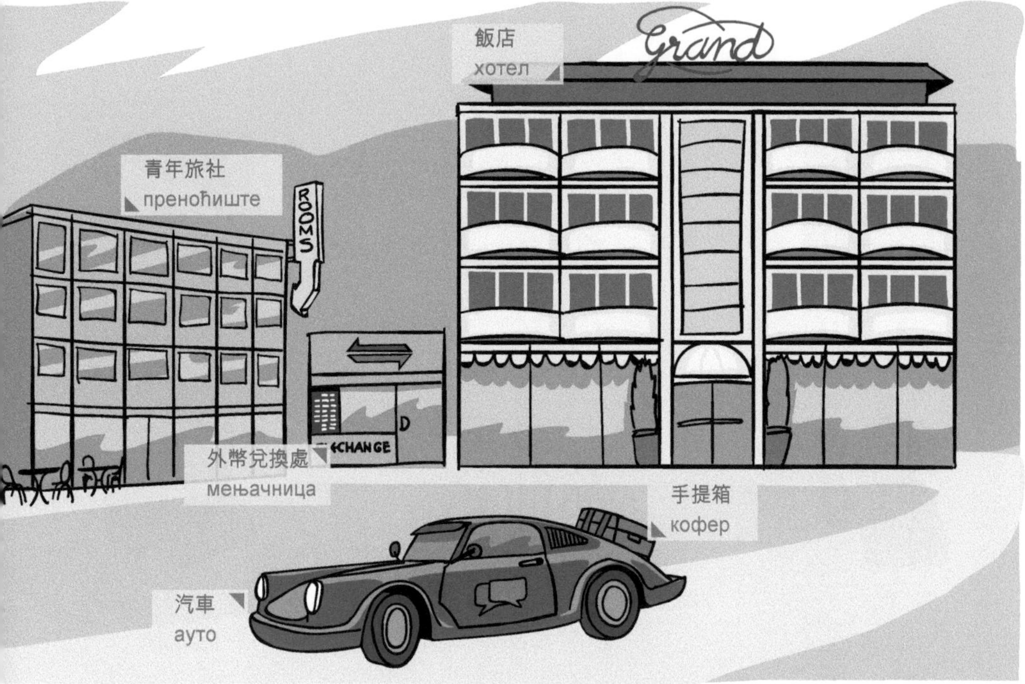

語言

језик

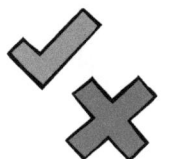

是/否

да / не

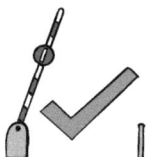

好的

океј

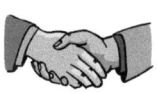

您好

здраво

翻譯人員

преводилац

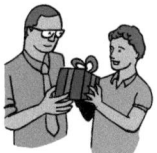

謝謝

хвала

.....多少錢？

Колико кошта...?

我不明白

не разумем

問題

проблем

晚上好！

добро вече!

早上好！

Добро јутро!

晚安！

Лаку ноћ!

再見

довиђења

方向

смер

行李

пртљага

包

торба

背包

руксак

客人

гост

房間

соба

睡袋

вреħа за спавање

帳篷

шатор

旅行資訊

туристичке информације

海灘

плажа

信用卡

кредитна картица

早餐

доручак

午餐

ручак

晚餐

вечера

票

карта за вожњу

電梯

лифт

郵票

поштанска маркица

邊界

граница

海關

царина

大使館

амбасада

簽證

виза

護照

пасош

交通運送

транспорт

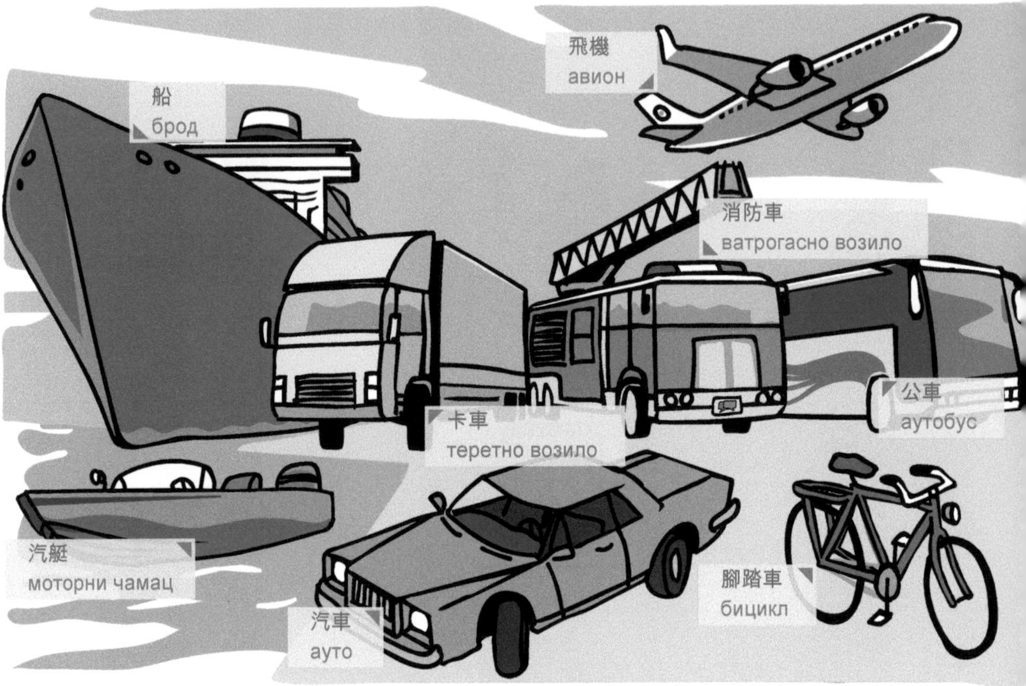

飛機
авион
船
брод
消防車
ватрогасно возило
卡車
теретно возило
公車
аутобус
汽艇
моторни чамац
腳踏車
бицикл
汽車
ауто

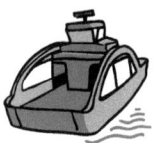

渡輪

трајект

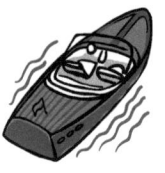

小船

чамац

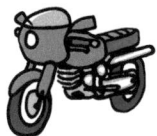

機車

мотоцикл

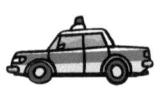

警車

полицијски ауто

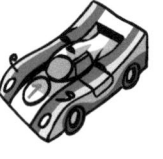

賽車

тркаћи ауто

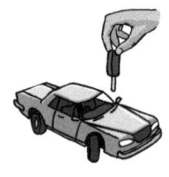

租車

изнајмљено ауто

拼車

делење аутомобила

拖車

вучно возило

垃圾車

возило за одвоз смећа

馬達

мотор

汽油

бензин

加油站

бензинска станица

交通標識

саобраћајни знак

交通

саобраћај

交通堵塞

застој

停車場

паркиралиште

火車站

железничка станица

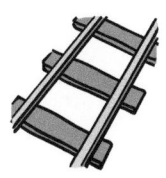

軌道

шине

火車

воз

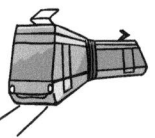

路面電車

трамвај

客車廂

вагон

直升機

хеликоптер

機場

аеродром

塔

кула

乘客

путник

集裝箱

контејнер

紙板箱

картон

手推車

колица

籃子

корпа

起飛/降落

узлетети / слетети

城市

град

村莊

село

市中心

центар града

房子

кућа

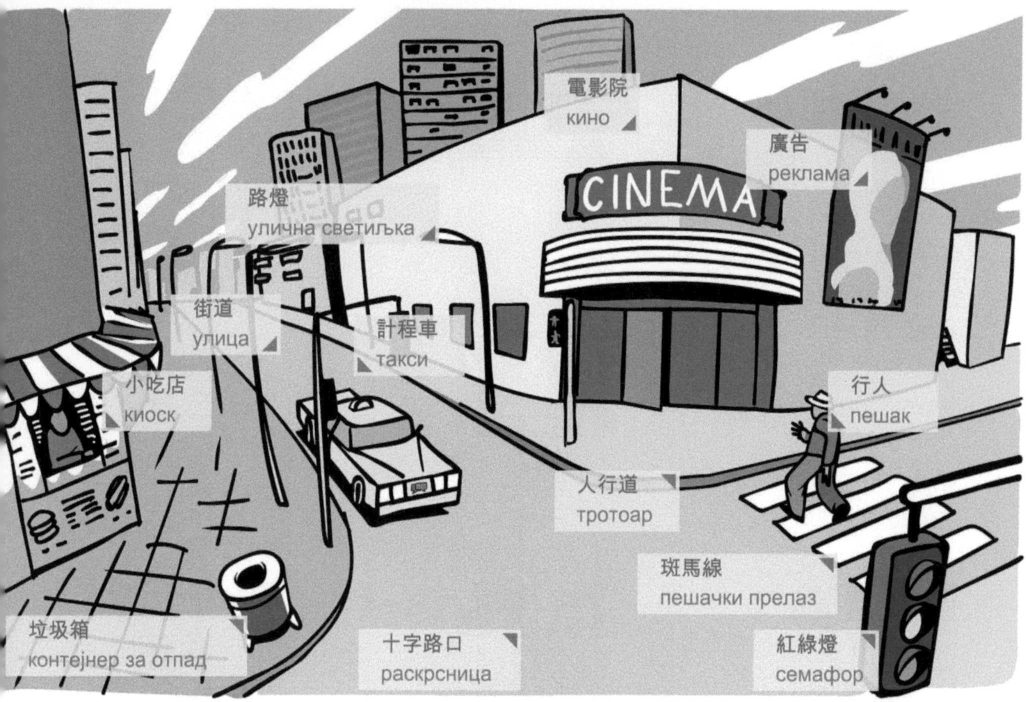

電影院 кино

廣告 реклама

路燈 улична светиљка

街道 улица

計程車 такси

行人 пешак

小吃店 киоск

人行道 тротоар

斑馬線 пешачки прелаз

垃圾箱 контејнер за отпад

十字路口 раскрсница

紅綠燈 семафор

小屋
колиба

公寓
стан

火車站
железничка станица

市政廳
већница

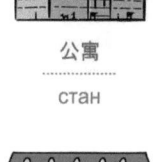

博物館
музеј

學校
школа

大學

универзитет

銀行

банка

醫院

болница

飯店

хотел

藥房

апотека

辦公室

канцеларија

書店

књижара

商店

продавница

花店

цвећара

超市

супермаркет

市場

трг

百貨商店

робна кућа

魚店

рибарница

購物中心

трговачки центар

海港

лука

公園

парк

長凳

клупа

橋

мост

樓梯

степенице

捷運

подземна железница

隧道

тунел

公車站

аутобуска станица

酒吧

бар

餐館

ресторан

郵筒

поштанско сандуче

路標

улични знак

停車計時器

паркирни аутомат

動物園

зоолошки врт

游泳池

базен

清真寺

џамија

農場

сеоско газдинство

污染

загађење околине

墓地

гробље

教堂

црква

操場

игралиште

寺廟

храм

地形

пејсаж

樹葉
лист

指示牌
путоказ

路
пут

草地
ливада

石頭
камен

徒步旅行者
шетач

樹
дрво

河
река

草
трава

花
цвет

峽谷
долина

丘陵
планина

湖
језеро

森林
шума

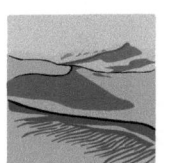

沙漠
пустиња

火山
вулкан

城堡
дворац

彩虹
дуга

蘑菇
гљива

棕櫚樹
палма

蚊子
москито

蒼蠅
мува

螞蟻
мрав

蜜蜂
пчела

蜘蛛
паук

地形 - пејсаж

甲蟲

буба

青蛙

жаба

松鼠

веверица

刺蝟

јеж

野兔

зец

貓頭鷹

сова

鳥

птица

天鵝

лабуд

野豬

дивља свиња

鹿

јелен

麋鹿

лос

水壩

насип

風力發電機

ветрењача

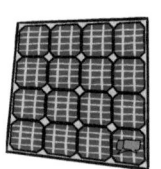

太陽能電池板

соларна плоча

氣候

клима

餐館

ресторан

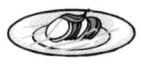

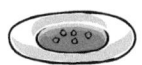

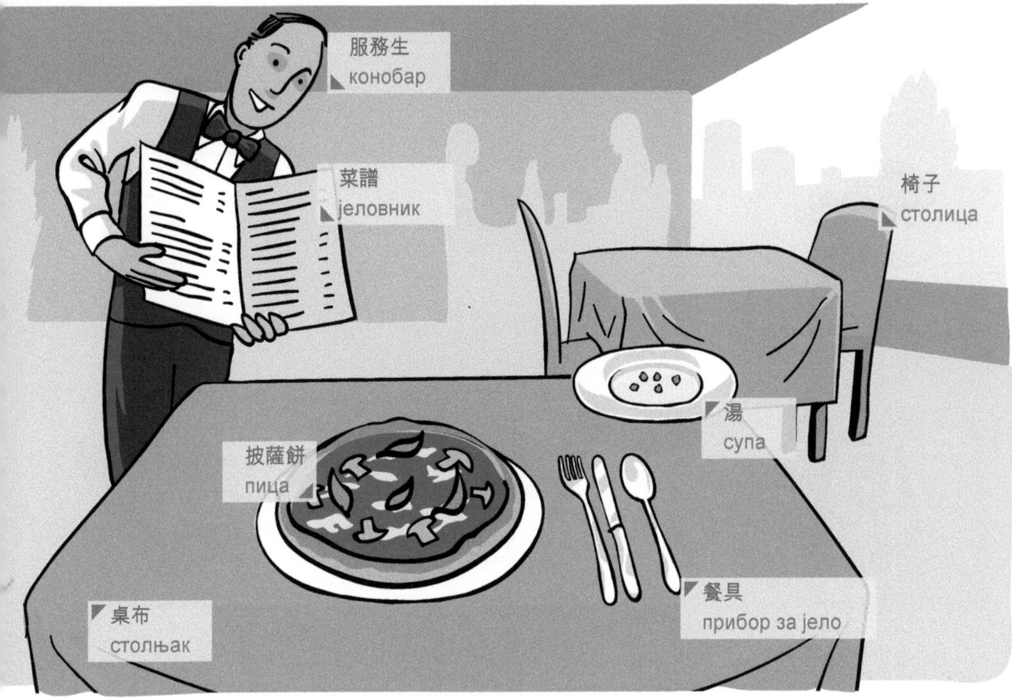
服務生
конобар
菜譜
jеловник
椅子
столица
湯
супа
披薩餅
пица
餐具
прибор за jело
桌布
столњак

前菜

предјело

主菜

главно јело

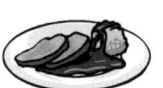

甜點

десерт

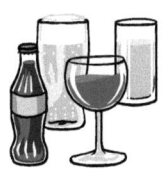

飲料

напитци

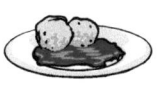

食物

јело

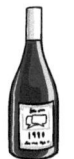

瓶子

флаша

速食

брза храна

街邊小吃

имбис храна

茶壺

чајник

糖盒

доза за шећер

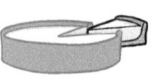

一份飯菜

порција

義式咖啡機

апарат за еспресо

高腳椅

висока столица

帳單

рачун

托盤

послужавник

刀

нож

餐叉

виљушка

勺子

кашика

茶匙

чајна кашика

餐巾

салвета

玻璃杯

чаша

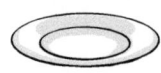

碟子
....
тањир

湯盤
....
тањир за супу

碟子
....
тањирић

醬
....
сос

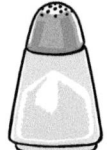

鹽瓶
....
сољенка

胡椒研磨罐
....
млин за бибер

醋
....
сирће

食用油
....
уље

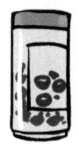

調味料
....
зачини

番茄醬
....
кечап

芥末
....
сенф

美乃滋
....
мајонеза

超市

супермаркет

特價
понуда
FOR
顧客
купац
乳製品
млечни производи
水果
воће
購物車
колица за куповину

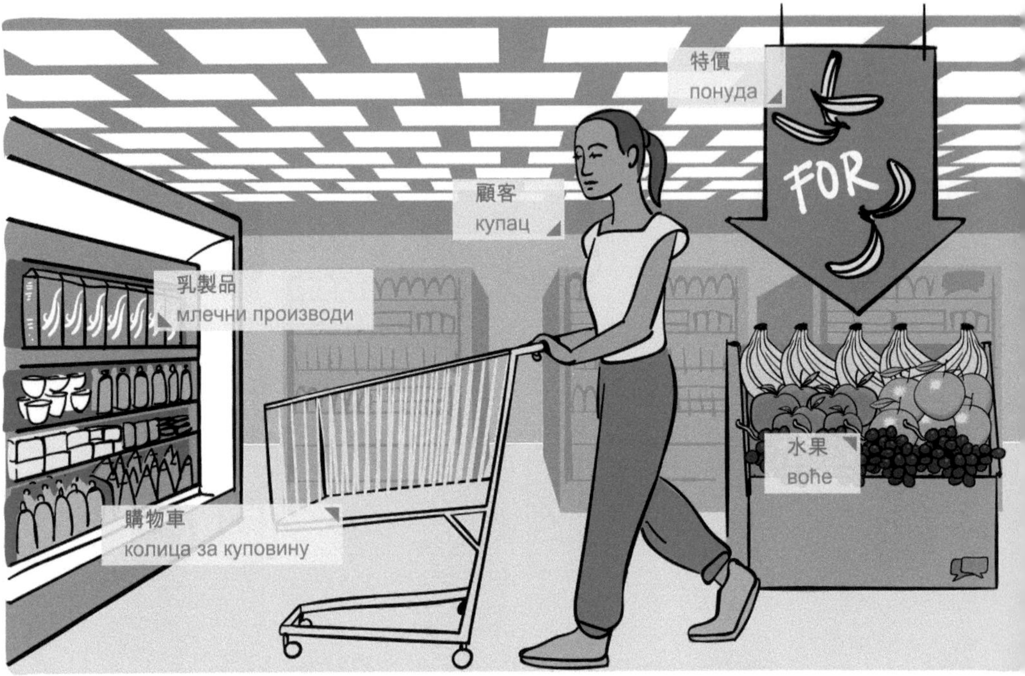

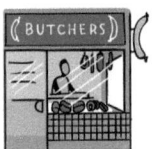

BUTCHERS

肉鋪

месница

BAKERY

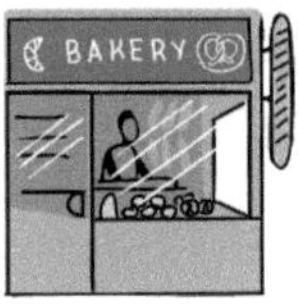

麵包店

пекара

稱重

вагати

蔬菜

поврће

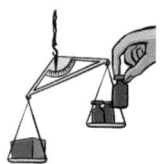

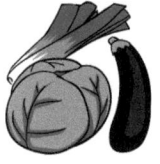

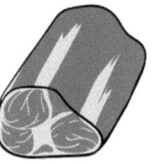

肉

месо

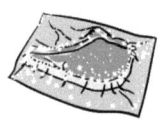

冷凍食品

смрзнута храна

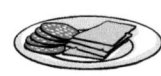

冷盤

нарезак

罐頭食品

конзерве

洗衣粉

средство за прање

甜食

слаткиши

日用品

артикли за домаћинство

清潔用品

средства за чишћење

銷售員

продавачица

收銀機

благајна

收銀員

благајник

購物清單

листа за куповину

開放時間

време рада

錢包

новчаник

信用卡

кредитна картица

袋子

торба

塑膠袋

пластична кеса

水

вода

果汁

сок

牛奶

млеко

可樂

кола

紅酒

вино

啤酒

пиво

酒

алкохол

可可

какао

茶

чај

咖啡

кава

義式濃縮咖啡

еспресо

卡布奇諾

капућино

香蕉

банана

蘋果

jabuka

柳丁

наранџа

西瓜

лубеница

檸檬

лимун

胡蘿蔔

шаргарепа

大蒜

бели лук

竹子

бамбус

洋蔥

лук

蘑菇

гљива

堅果

орашасти плодови

麵條

резанци

義大利麵

шпагете

米飯

рижа

沙拉

салата

薯條

помфрит

炸馬鈴薯

печени крумпир

披薩餅

пица

漢堡

хамбургер

三明治

сендвич

炸豬排

шницла

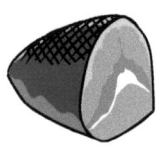

火腿

шунка

義大利臘腸

салама

香腸

кобасица

雞肉

кокош

烤肉

печење

魚

риба

燕麥片

зобене пахуљице

木斯里

мусли

玉米片

кукурузне пахуљице

麵粉

брашно

牛角麵包

кроасан

麵包捲

пециво

麵包

хлеб

吐司

тоаст

餅乾

кекси

奶油

маслац

凝乳

свежи сир

蛋糕

колач

蛋

jaje

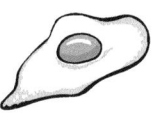

煎蛋

jaje на око

起司

сир

冰淇淋

сладолед

糖

шећер

蜂蜜

мед

果醬

мармелада

巧克力醬

нугат крема

咖哩

кари

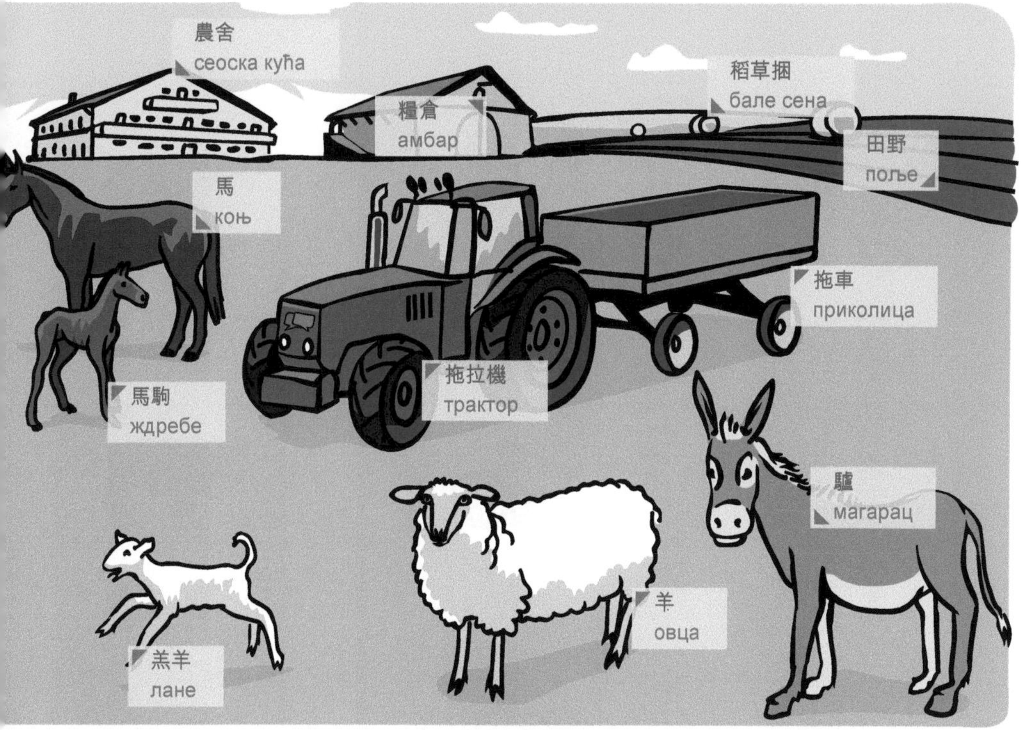

сеоско газдинство

農舍
сеоска кућа

稻草捆
бале сена

糧倉
амбар

田野
поље

馬
коњ

拖車
приколица

拖拉機
трактор

馬駒
ждребе

驢
магарац

羔羊
лане

羊
овца

山羊

коза

奶牛

крава

小牛

теле

豬

свиња

小豬

прасе

公牛

бик

鵝

гуска

鴨

патка

小雞

пилићи

母雞

кокош

公雞

петао

鼠

пацов

貓

мачка

老鼠

миш

牛

вол

狗

пас

狗屋

кућица за пса

花園澆水軟管

вртно црево

澆水壺

канта за поливање

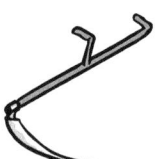

長柄大鐮刀

коса

犁

плуг

鐮刀

срп

鋤頭

мотика

長柄草耙

виљушка за ђубриво

斧頭

секира

獨輪手推車

тачке

飼料槽

корито

牛奶罐

посуда за млеко

麻布袋

вреħа

柵欄

ограда

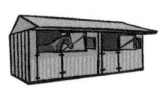

馬廄

штала

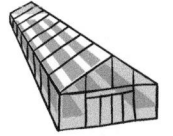

溫室

стакленик

土壤

земља

種子

семе

肥料

ђубриво

聯合收割機

комбајн

收割

жети

收割

жетва

地瓜

jамс зачин

小麥

пшеница

大豆

соja

土豆

крумпир

玉米

кукуруз

油菜籽

уљана репица

果樹

воћка

樹薯

гомољ манноке

穀物

житарице

房子

кућа

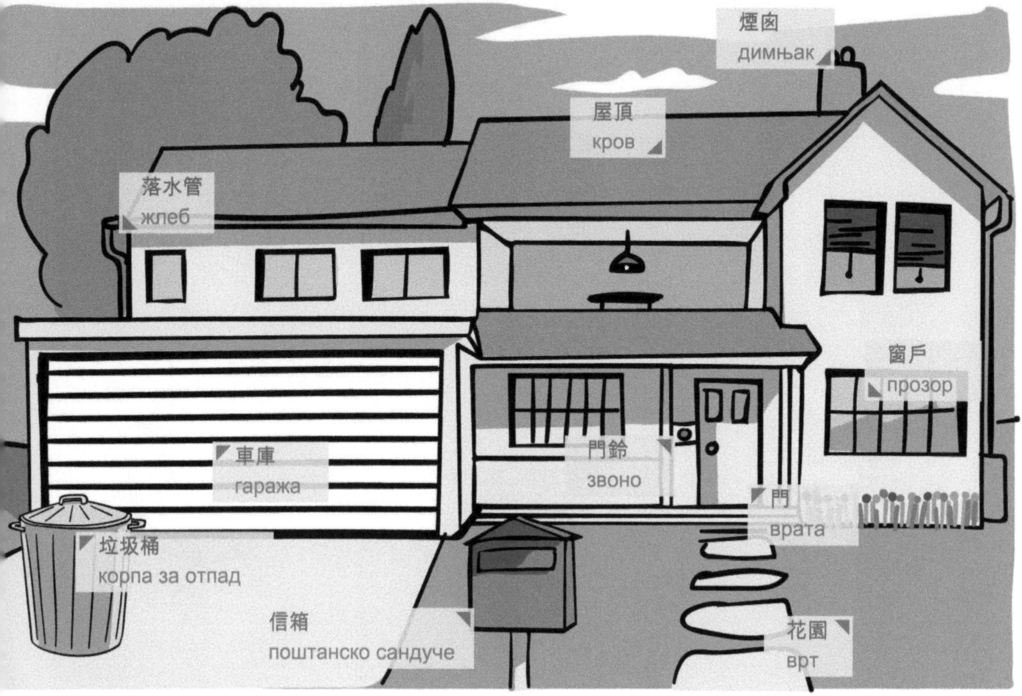
煙囪
димњак
屋頂
кров
落水管
жлеб
窗戶
прозор
車庫
гаража
門鈴
звоно
門
врата
垃圾桶
корпа за отпад
信箱
поштанско сандуче
花園
врт

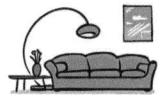

客廳

дневна соба

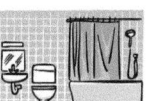

浴室

купаоница

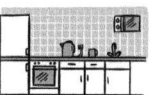

廚房

кухиња

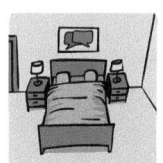

臥室

спаваћа соба

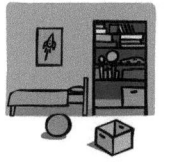

兒童房

дечија соба

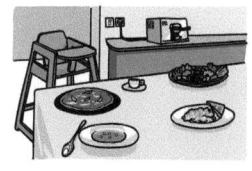

餐廳

трпезарија

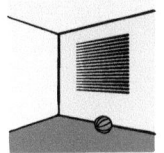

地板

под

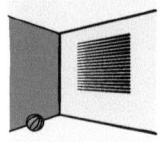

牆壁

зид

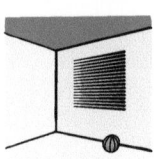

天花板

строп

地窖

подрум

三溫暖

сауна

陽臺

балкон

露臺

тераса

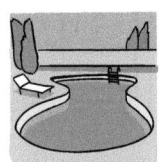

游泳池

базен

割草機

косилица за траву

被單

постељина за кревет

床罩

дека за кревет

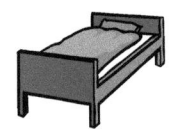

床

кревет

掃帚

метла

水桶

канта

開關

прекидач

客廳

дневна соба

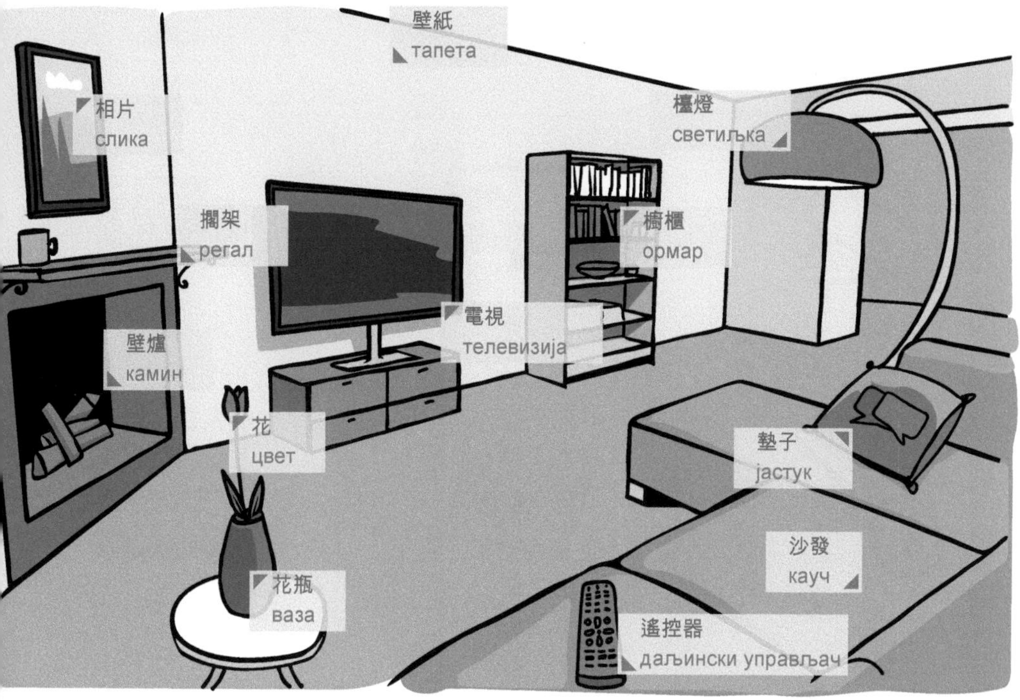
壁紙
тапета
相片
слика
檯燈
светиљка
擱架
регал
櫥櫃
ормар
電視
телевизија
壁爐
камин
花
цвет
墊子
јастук
沙發
кауч
花瓶
ваза
遙控器
даљински управљач

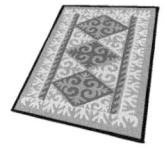

地毯

тепих

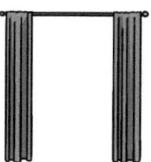

窗簾

завеса

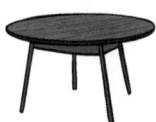

餐桌

сто

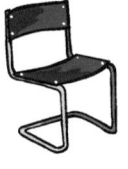

椅子

столица

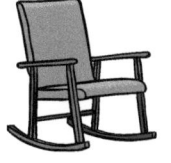

搖椅

столица за њихање

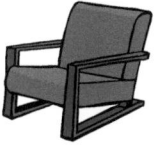

扶手椅

фотеља

書

књига

毯子

дека

裝飾品

декорација

木柴

дрво за огрев

電影

филм

高傳真音響

хи-фи уређај

鑰匙

кључ

報紙

новине

油畫

слика на платну

海報

постер

收音機

радио

筆記本

блок за писање

吸塵器

усисивач

仙人掌

кактус

蠟燭

свећа

廚房

кухиња

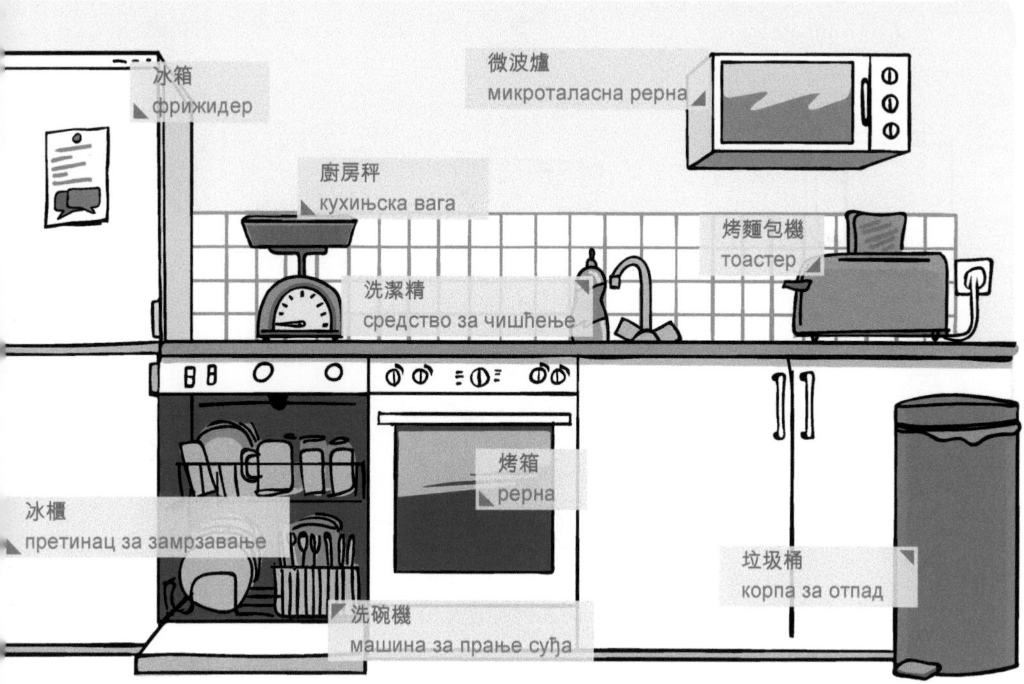

冰箱
фрижидер
微波爐
микроталасна рерна
廚房秤
кухињска вага
烤麵包機
тоастер
洗潔精
средство за чишћење
烤箱
рерна
冰櫃
претинац за замрзавање
垃圾桶
корпа за отпад
洗碗機
машина за прање суђа

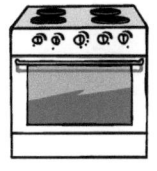

炊具

шпорет

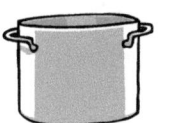

鍋

лонац

鑄鐵鍋

гвоздени лонац

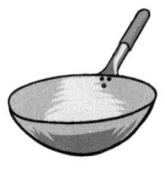

炒鍋

вок / кадаи

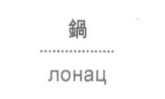

平底鍋

тава

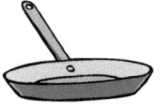

水壺

кувало за воду

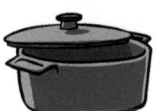

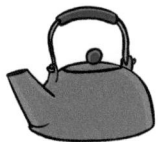

蒸鍋

кувало на пару

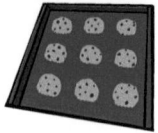

烤盤

лим за печење

陶瓷鍋

посуђе

馬克杯

чаша

碗

посуда

筷子

штапићи за јело

長柄勺

кутлача

鏟子

лопатица

攪拌器

пењача

濾網

сито за кување

篩子

сито

磨碎機

рибеж

研缽

мужар

燒烤

роштиљ

明火

огњиште

菜板
....
даска

擀麵杖
....
оклагија

開瓶器
....
вадичеп

罐子
....
конзерва

開罐器
....
отварач конзерви

隔熱手套
....
крпа за лонац

水槽
....
судопер

刷子
....
четка

海綿
....
сунђер

攪拌機
....
миксер

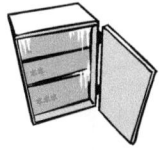

冷藏箱
....
замрзивач

奶瓶
....
флашица за бебе

水龍頭
....
славина за воду

浴室

купаоница

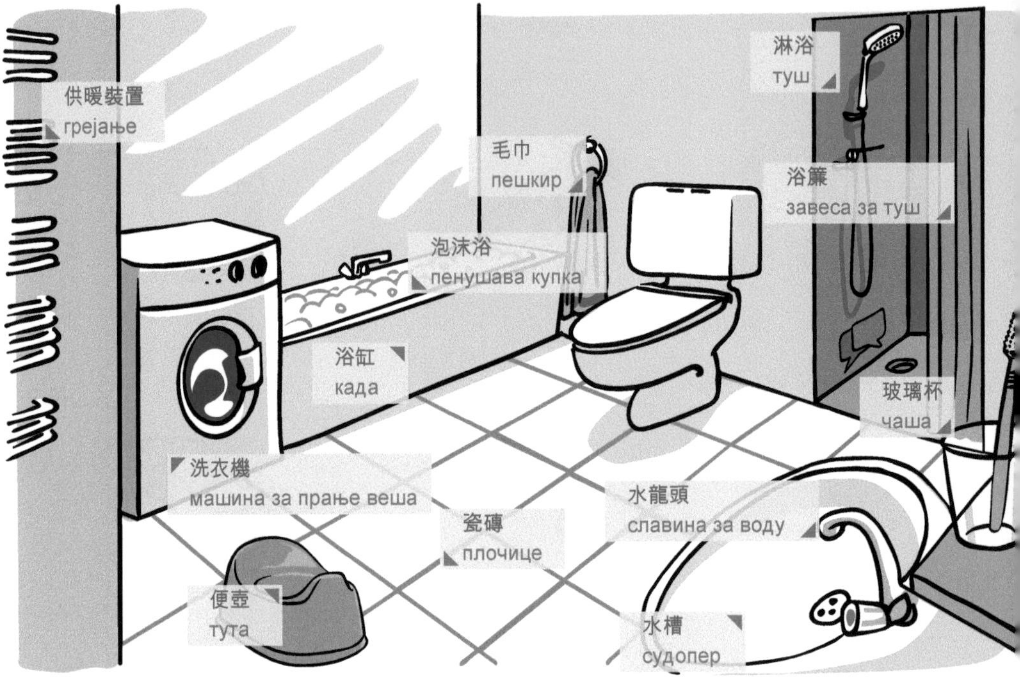

淋浴
туш
供暖裝置
грејање
毛巾
пешкир
浴簾
завеса за туш
泡沫浴
пенушава купка
浴缸
када
玻璃杯
чаша
洗衣機
машина за прање веша
水龍頭
славина за воду
瓷磚
плочице
便壺
тута
水槽
судопер

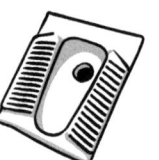

廁所

тоалет

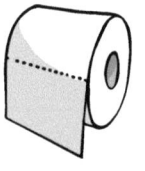

蹲便器

чучавац

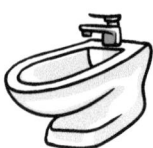

坐浴器

бидет

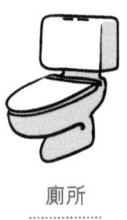

小便斗

писоар

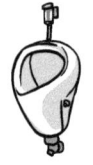

廁紙

тоалетни папир

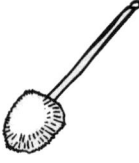

馬桶刷

четка за тоалет

牙刷

четкица за зубе

牙膏

паста за зубе

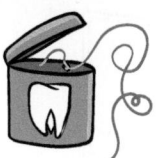

牙線

конац за зубе

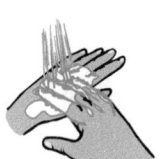

洗

прати

手持式蓮蓬頭

туш ручица

沖洗器

туш за прање интимних делова

洗臉盆

лавор

洗背刷

четка за прање леђа

肥皂

сапун

沐浴露

гел за туширање

洗髮乳

шампон

法蘭絨

крпа за прање

排水

одвод

乳霜

крема

除臭劑

дезодоранс

鏡子

огледало

手鏡

козметичко огледало

刮鬍刀

бријач

刮鬍泡沫

пена за бријање

鬚後水

лосион за после бријања

梳子

чешаљ

刷子

четка

吹風機

фен за косу

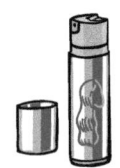

噴髮定型劑

спреј за косу

化妝品

шминка

唇膏

руж за усне

指甲油

лак за нокте

化妝棉

вата

指甲剪

маказе за нокте

香水

парфем

洗漱包

козметичка торбица

凳子

столица

計重秤

вага

浴袍

огртач

橡膠手套

рукавице за чишћење

衛生棉條

тампон

衛生棉

уложак

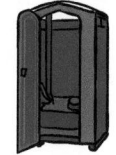

化學廁所

хемијски тоалет

兒童房

дечија соба

鬧鐘
будилник
毛絨玩具
плишана играчка
玩具車
ауто играчка
撥浪鼓
звечка
玩具屋
кућица за лутке
禮物
поклон

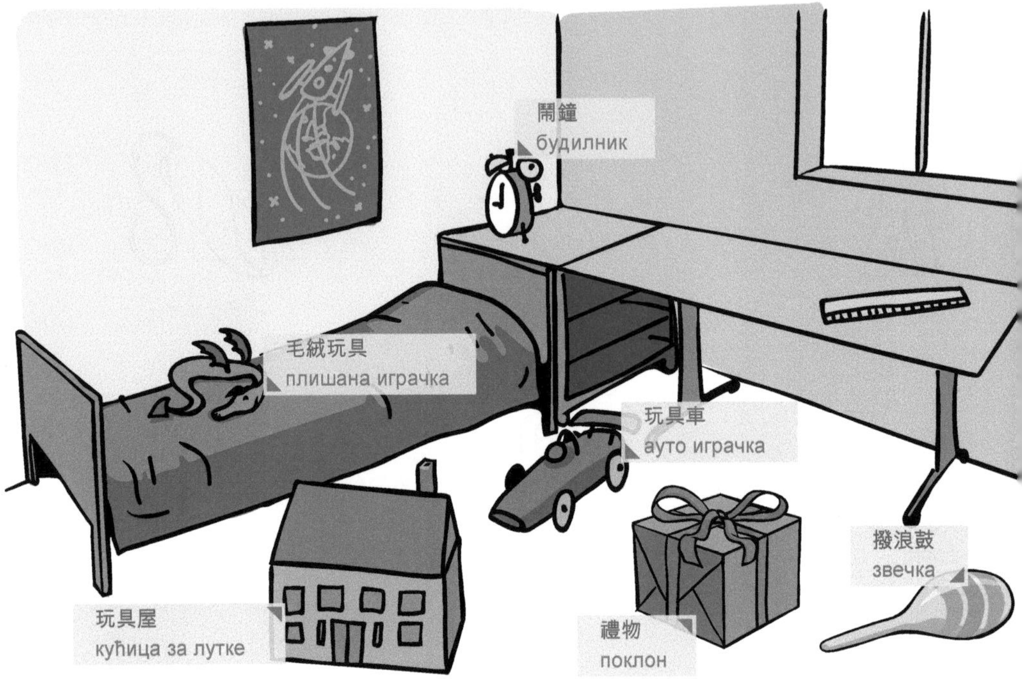

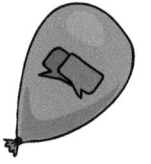

氣球

балон

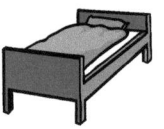

床

кревет

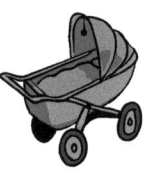

嬰兒車

дјечија колица

撲克牌

игра са картама

拼圖

слагалица

SUPER
MEGA

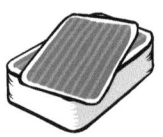

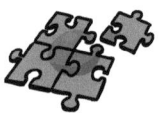

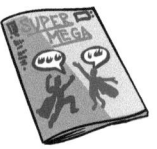

漫畫

стрип

樂高積木

лего коцкице

積木玩具

коцкице за слагање

公仔

акциони јунак

嬰兒服

бенкица за бебе

飛盤

фризби

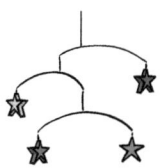

床鈴玩具

висеће играчке

棋盤遊戲

друштвене игре

骰子

коцка

火車模型

минијатурна жељезница

安撫奶嘴

дуда

派對

забава

繪本

сликовница

球

лопта

洋娃娃

лутка

玩

играти

沙坑

пешчаник

鞦韆

љуљачка

玩具

играчка

電玩遊戲

конзола за игре

三輪車

трицикл

泰迪熊

теди

衣櫃

ормар

衣服

одећа

襪子

кратке чарапе

長襪

чарапе

緊身褲

хулахопке

圍巾
шал

雨傘
кишобран

皮帶
каиш

Т恤
мајица

靴子
чизме

拖鞋
папуче

運動鞋
патике

涼鞋
....
сандале

鞋
....
ципеле

雨靴
....
гумене чизме

內褲
....
гаћице

胸罩
....
грудњак

背心
....
поткошуља

衣服 - одећа

身體

боди

褲子

панталоне

牛仔褲

фармерке

短裙

сукња

女式襯衫

блуза

襯衫

кошуља

套頭衫

џемпер

連帽上衣

џемпер с капуљачом

西裝夾克

сако

夾克

јакна

外套

мантил

雨衣

кабаница

套裝

костим

連衣裙

хаљина

婚紗

венчаница

衣服 - одећа

西裝

одело

睡袍

спаваћица

睡衣

пиџама

莎麗

сари

頭巾

марама за главу

包頭巾

турбан

波卡

бурка

卡夫坦

кафтан

(阿拉伯式)長袍

абаја

泳衣

купаћи костим

男式泳褲

купаће гаћице

短褲

кратке панталоне

運動服

одећа за тренинг

圍裙

кецеља

手套

рукавице

鈕扣

дугме

眼鏡

наочаре

手鏈

наруквица

項鍊

огрлица

戒指

прстен

耳環

наушница

便帽

капа

衣架

вешалица

帽子

шешир

領帶

кравата

拉鍊

патент затварач

安全帽

кацига

背帶

нараменице

校服

школска униформа

制服

униформа

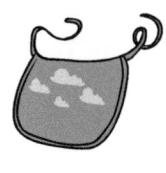

圍兜

подбрадак

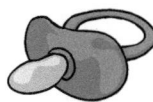

安撫奶嘴

дуда

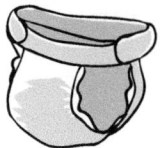

尿布

пелена

辦公室

канцеларија

伺服器
сервер
檔案櫃
ормар за списе
紙
папир
印表機
штампач
螢幕
монитор
滑鼠
миш
辦公桌
писаћи стол
資料夾
мапа
鍵盤
тастатура
廢紙簍
кошара за папир
電腦
компјутер
椅子
столица

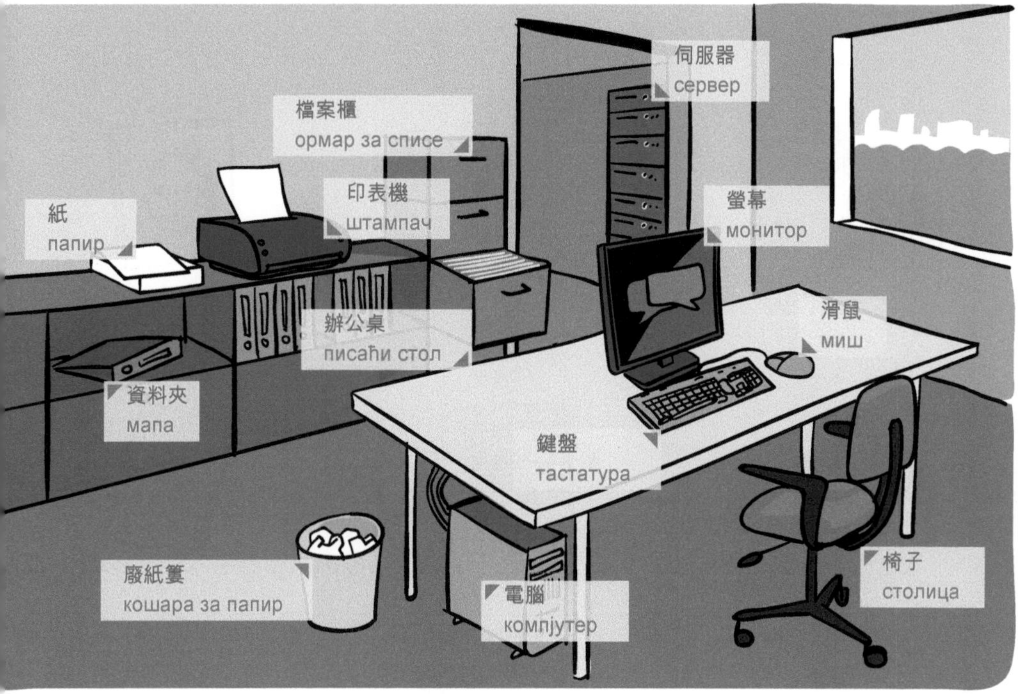

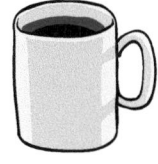

咖啡杯

шалица за каву

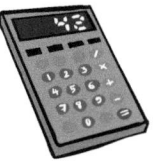

計算機

калкулатор

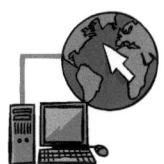

網際網路

интернет

筆記型電腦
лаптоп

信件
писмо

簡訊
порука

行動電話
мобилни телефон

網路
мрежа

影印機
уређај за копирање

軟體
софтвер

電話
телефон

插座
утичница

傳真機
факс

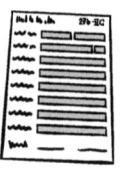

表格
формулар

檔案
документ

辦公室 - канцеларија

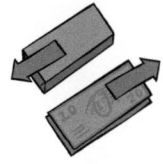

買

куповати

付錢

платити

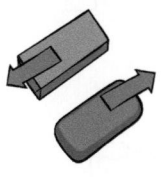

交易

трговати

現金

новац

美元

долар

歐元

евро

日元

јен

盧布

рубља

瑞士法郎

швајцарски франак

人民幣

ренминдби јуан

盧比

рупија

提款處

аутомат за новац

外幣兌換處

мењачница

金

злато

銀

сребро

石油

нафта

能源

енергија

價格

цена

合約

уговор

稅金

порез

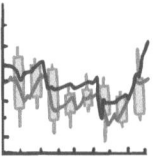

股票

деонице

工作

радити

職員

службеник

老闆

послодавац

工廠

фабрика

商店

продавница

職業

занимања

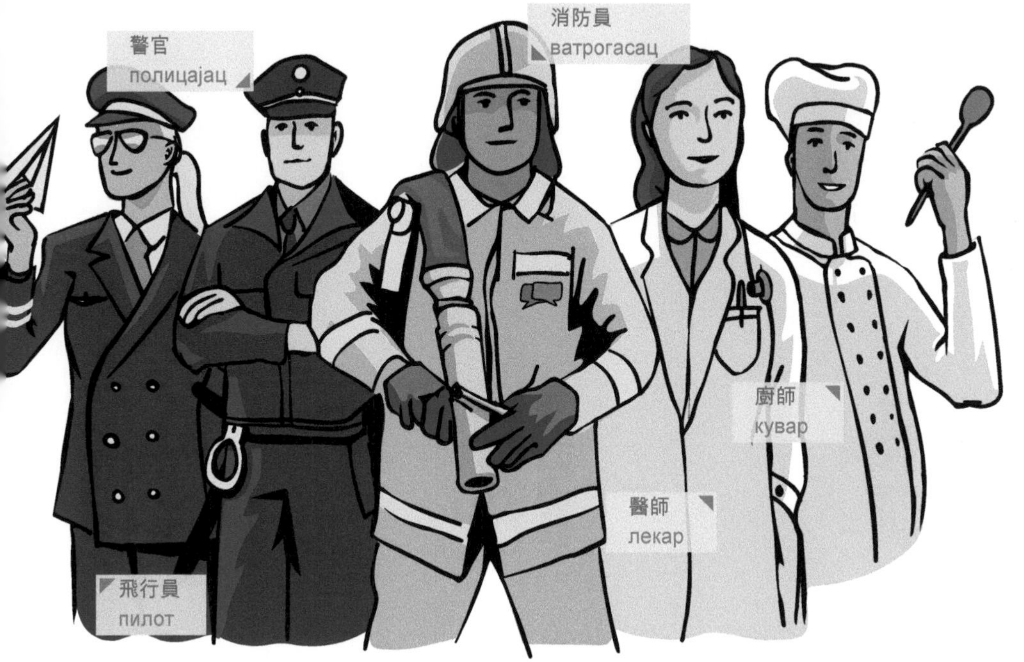

警官
полицајац
消防員
ватрогасац
廚師
кувар
醫師
лекар
飛行員
пилот

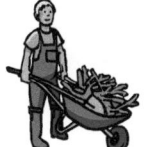

園丁

вртлар

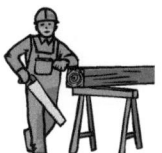

木匠

столар

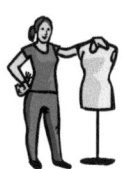

裁縫

кројачица

法官

судија

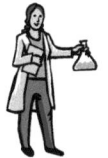

化學家

хемичар

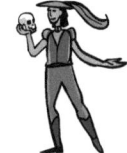

演員

глумац

公車司機

возач аутобуса

計程車司機

возач таксија

漁夫

рибар

清洗女工

чистачица

屋頂工

кровопокривач

服務生

конобар

獵人

ловац

畫家

сликар

麵包師

пекар

電工

електричар

建築工人

грађевински радник

工程師

инжењер

屠夫

месар

水管工

лимар

郵差

поштар

士兵

војник

建築師

архитекта

收銀員

благајник

花農

цвећар

理髮師

фризер

售票員

кондуктер

機械技師

механичар

船長

капетан

牙醫

зубар

科學家

научник

拉比

раби

伊瑪目

имам

和尚

монах

牧師

свећеник

工具

алати

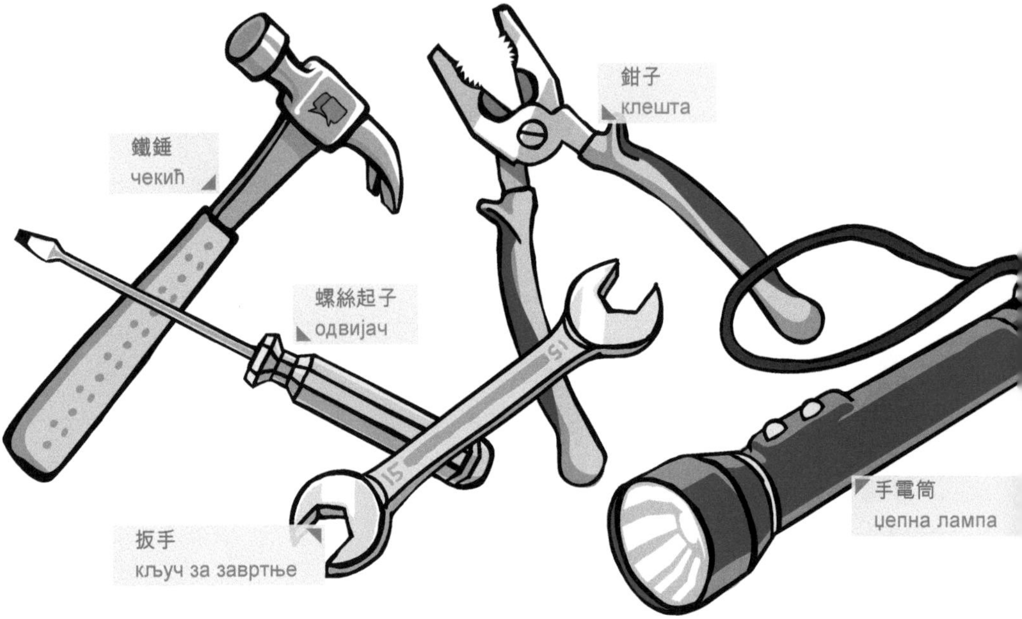

鐵鎚
чекић
鉗子
клешта
螺絲起子
одвијач
扳手
кључ за завртње
手電筒
џепна лампа

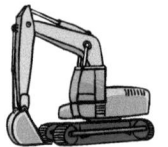

挖掘機

багер

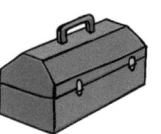

工具箱

кутија за алат

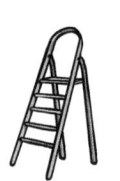

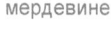

梯子

мердевине

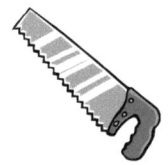

鋸子

пила

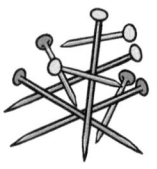

釘子

ексер

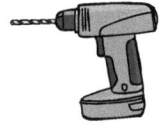

鑽機

бушилица

修
....
поправити

鏟子
....
лопата

糟糕！
....
до ђавола!

畚箕
....
лопатица

油漆桶
....
лонац за боју

螺絲
....
завртањи

樂器

музички инструмент

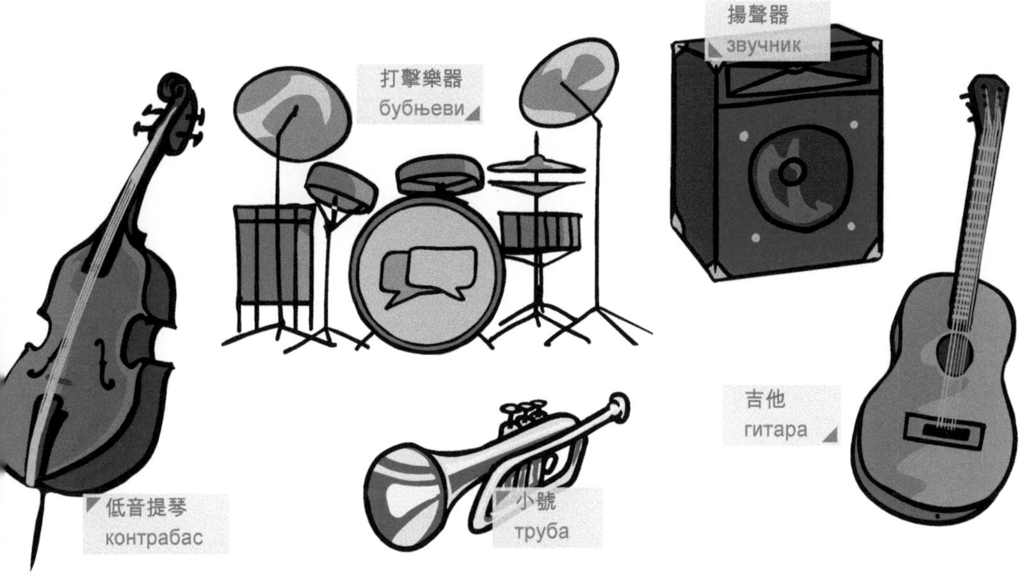

揚聲器
звучник

打擊樂器
бубњеви

吉他
гитара

低音提琴
контрабас

小號
труба

鋼琴

клавир

小提琴

виолина

貝斯

бас

定音鼓

тимпани

鼓

удараљке за бубњеве

電子琴

типке клавира

薩克斯風

саксофон

長笛

флаута

麥克風

микрофон

樂器 - музички инструмент

動物園

зоолошки врт

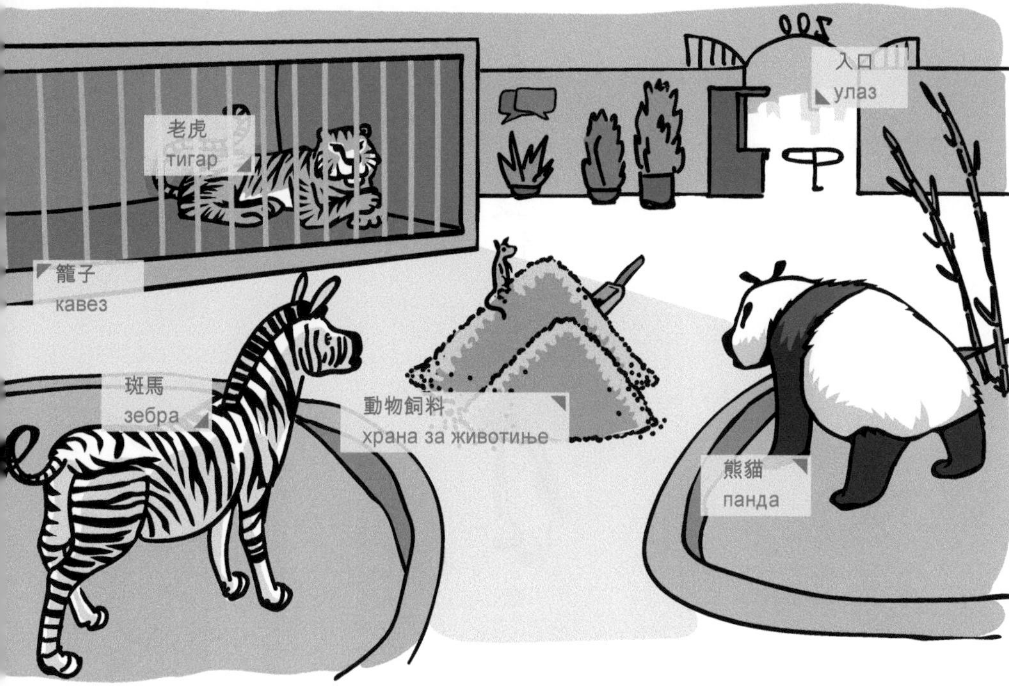

zoo
入口
улаз
老虎
тигар
籠子
кавез
斑馬
зебра
動物飼料
храна за животиње
熊貓
панда

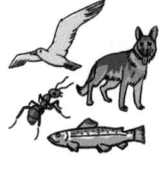

動物

животиње

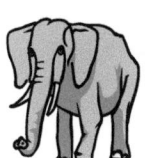

大象

слон

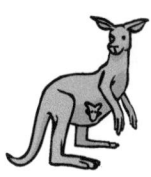

袋鼠

кенгур

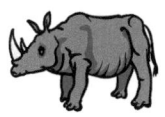

犀牛

носорог

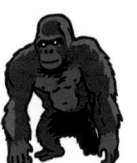

大猩猩

горила

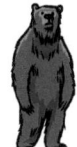

熊

медвед

駱駝

камила

鴕鳥

ној

獅子

лав

猴子

мајмун

紅鶴

фламинго

鸚鵡

папагај

北極熊

поларни медвед

企鵝

пингвин

鯊魚

ајкула

孔雀

паун

蛇

змија

鱷魚

крокодил

動物園管理員

чувар у зоолошком врту

海豹

туљан

美洲豹

јагуар

矮種馬
пони

豹
леопард

河馬
нилски коњ

長頸鹿
жирафа

老鷹
орао

野豬
дивља свиња

魚
риба

龜
корњача

海象
морж

狐狸
лисица

羚羊
газела

橄欖球
амерички ногомет

騎腳踏車
бициклизам

網球
тенис

籃球
кошарка

游泳
пливање

拳擊
бокс

冰球
хокеј на леду

美式足球
фудбал

羽毛球
бадминтон

田徑
атлетика

手球
ракомет

滑雪
скијање

馬球
поло

活動

активности

笑
смејати се
跳
скочити
擁抱
загрлити
走路
ићи
唱
певати
做夢
сањати
祈禱
молити се
親吻
пољубити

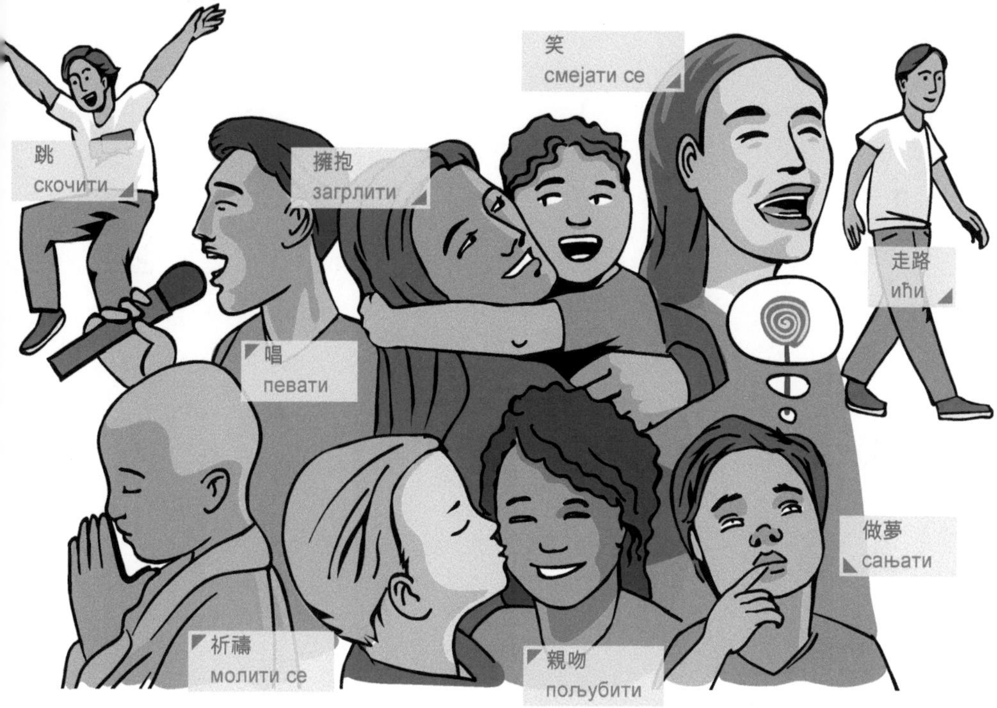

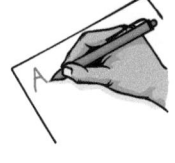

書寫

писати

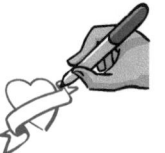

畫

цртати

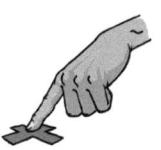

展示

показати

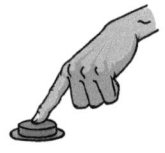

推

гурати

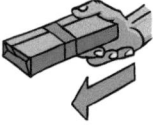

給

дати

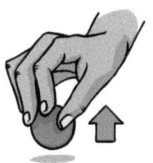

拿

узети

有
....
имати

做
....
чинити

當
....
бити

站
....
стојати

跑
....
трчати

拉
....
повлачити

丟
....
бацити

摔倒
....
падати

躺
....
лежати

等待
....
чекати

攜帶
....
носити

坐
....
седити

穿衣
....
облачити

睡覺
....
спавати

醒來
....
пробудити се

看
....
гледати

哭
....
плакати

摯
....
миловати

梳頭
....
чешљати

交談
....
говорити

明白
....
разумети

問
....
питати

聽
....
слушати

喝
....
пити

吃
....
јести

清理
....
поспремити

愛
....
волети

做飯
....
кухати

開車
....
возити

飛
....
летети

航行

пловити

計算

рачунати

讀

читати

學習

учити

工作

радити

結婚

венчати се

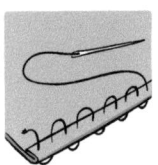

縫

шити

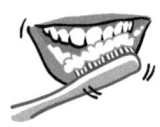

刷牙

прати зубе

殺

убити

抽菸

пушити

寄

послати

活動 - активности

породица

祖母
бака

嬰兒
беба

母親
мајка

祖父
деда

父親
отац

女兒
ћерка

兒子
син

客人
гост

阿姨
тетка

叔叔
ујак, стриц

兄弟
брат

姐妹
сестра

身體

тело

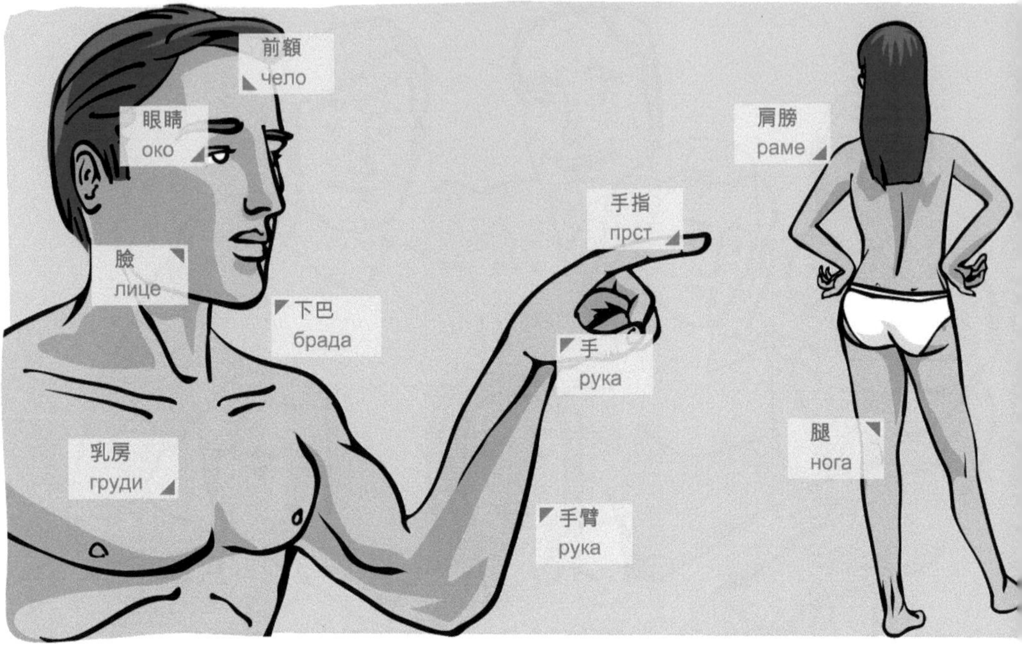

前額
чело
眼睛
око
肩膀
раме
手指
прст
臉
лице
下巴
брада
手
рука
腿
нога
乳房
груди
手臂
рука

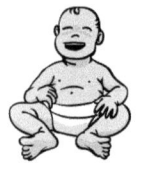

嬰兒

беба

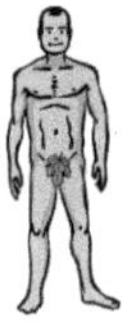

男人

мушкарац

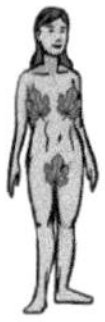

女人

жена

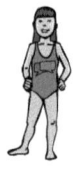

女孩

девојчица

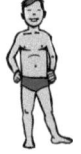

男孩

дечак

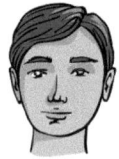

頭

глава

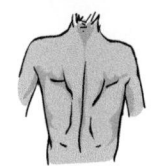

背部
леђа

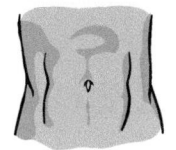

肚子
стомак

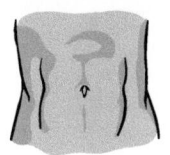

肚臍
пупак

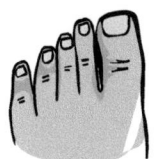

腳趾
ножни прст

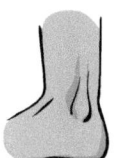

腳後跟
пета

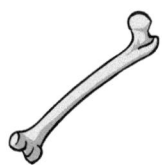

骨頭
кост

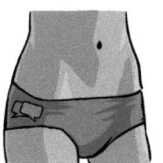

臀部
кукови

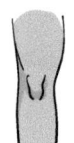

膝蓋
колено

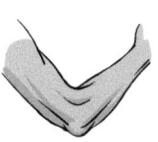

手肘
лакат

鼻子
нос

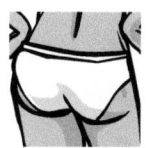

屁股
задњица

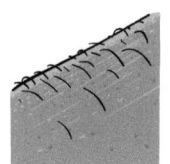

皮膚
кожа

臉頰
образ

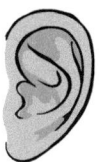

耳朵
уво

嘴唇
усна

身體 - тело

嘴
уста

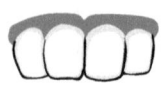

牙齒
зуб

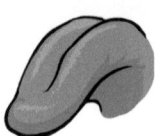

舌頭
језик

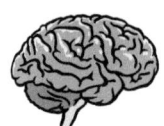

腦
мозак

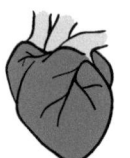

心臟
срце

肌肉
мишић

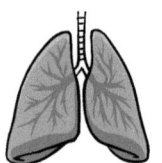

肺
плућа

肝臟
јетра

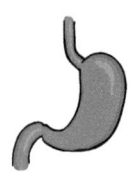

胃
желудац

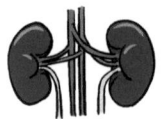

腎臟
бубрези

性交
полни однос

保險套
кондом

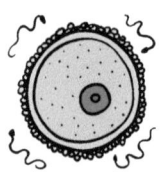

卵子
јајна ћелија

精子
сперма

懷孕
трудноћа

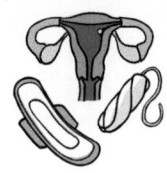

月事

менструација

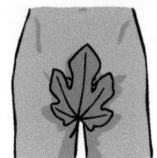

陰道

вагина

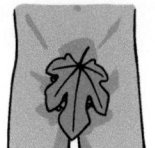

陰莖

пенис

眉毛

обрва

頭髮

коса

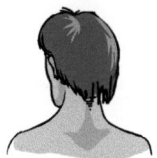

脖子

врат

醫院
болница

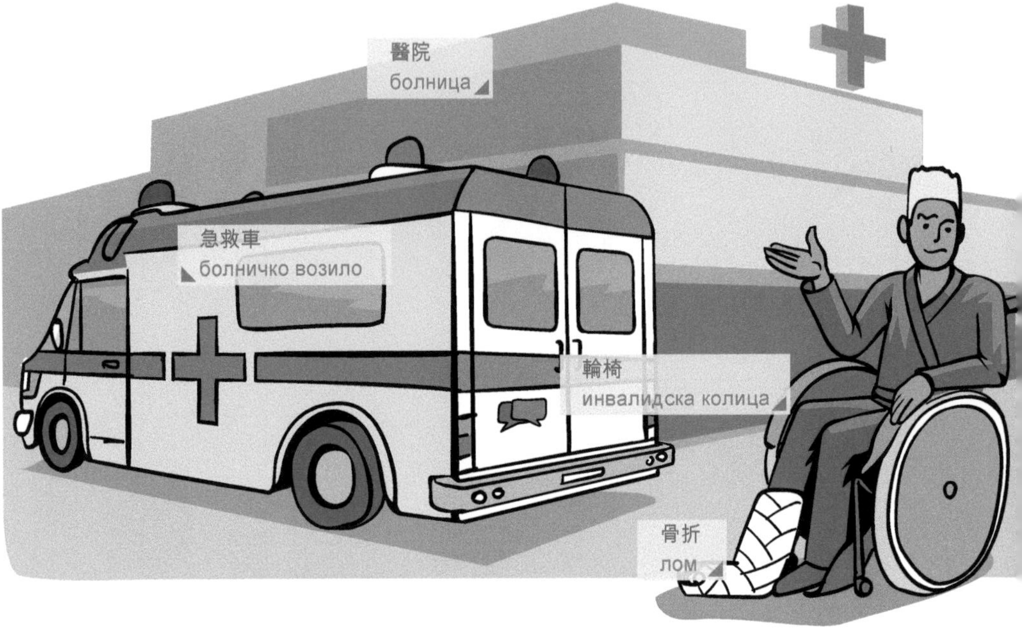

醫院
болница
急救車
болничко возило
輪椅
инвалидска колица
骨折
лом

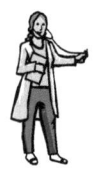

醫師

лекар

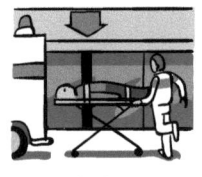

急診室

хитна медицинска служба

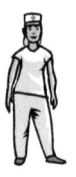

護理師

медицинска сестра

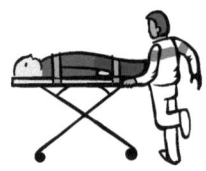

緊急情形

хитни случај

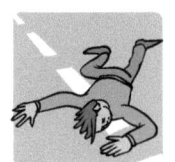

昏迷

несвест

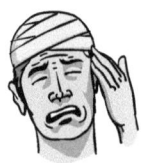

痛

бол

受傷

повреда

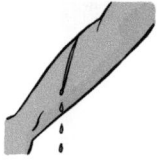

出血

крварење

心臟病發作

срчани удар

中風

удар

過敏

алергија

咳嗽

кашаљ

發燒

грозница

流感

грипа

腹瀉

пролив

頭痛

главобоља

癌症

рак

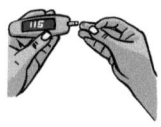

糖尿病

дијабетес

外科醫師

хирург

手術刀

скалпел

手術

операција

電腦斷層掃描

цт

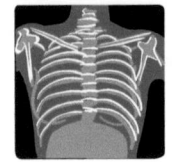

X光

рентген

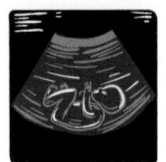

超音波

ултразвук

口罩

маска

疾病

болест

候診室

чекаона

拐杖

штака

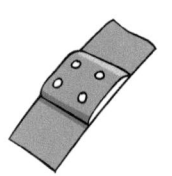

石膏

фластер

繃帶

завој

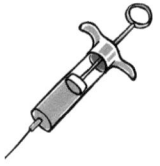

注射

ињекција

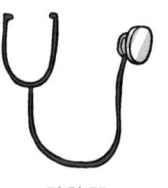

聽診器

стетоскоп

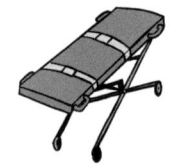

擔架

носила

體溫計

термометар

出生

рођење

超重

прекомерна тежина

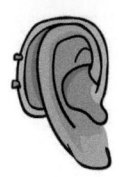

助聽器

слушни апарат

消毒液

средство за дезинфекцију

感染

инфекција

病毒

вирус

愛滋病

хив / аидс

藥物

медицина

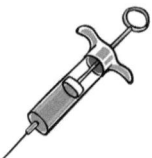

接種疫苗

вакцинација

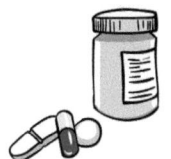

藥片

таблете

藥丸

пилула

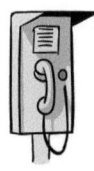

急救電話

хитни позив

血壓計

уређај за мерење притиска

生病/健康

болесно / здраво

救命！

помоћ!

警報

аларм

突擊

насртај

攻擊

напад

危險

опасност

緊急出口

излаз у случају нужде

失火了！

пожар!

滅火器

противпожарни апарат

意外

незгода

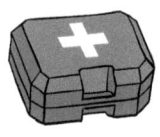

急救箱

кутија прве помоћи

呼救訊號

сос

員警

полиција

歐洲

Европа

北美洲

Северна Америка

南美洲

Јужна Америка

非洲

Африка

亞洲

Азија

澳洲

Аустралија

大西洋

Атлантик

太平洋

Пацифик

印度洋

Индијски океан

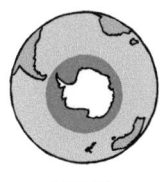

南冰洋

Антарктички океан

北冰洋

Арктички океан

北極

Северни рол

南極

Јужни рол

南極洲

Антарктик

地球

земља

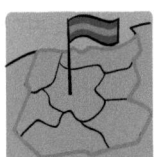

陸地

земља

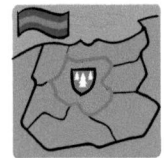

海

море

島

оток

國家

нација

州

држава

錶盤

бројчаник сата

時針

сатна казаљка

分針

минутна казаљка

秒針

секундна казаљка

現在幾點？

Колико је сати?

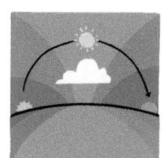

天

дан

時間

време

現在

сада

電子錶

дигитални сат

分

минута

時

час

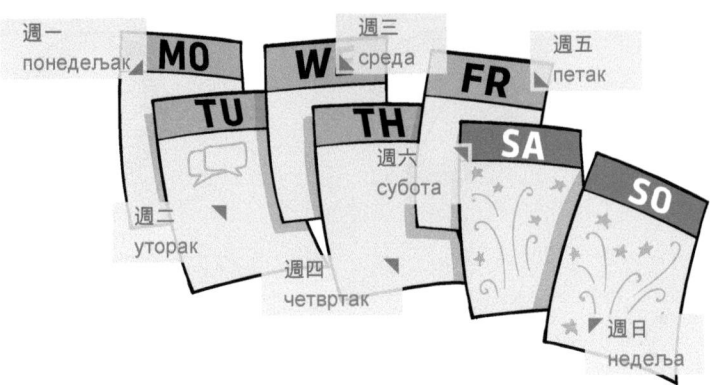

週一 понедељак
週二 уторак
週三 среда
週四 четвртак
週五 петак
週六 субота
週日 недеља

昨天

juče

今天

данас

明天

сутра

早晨

jutro

中午

подне

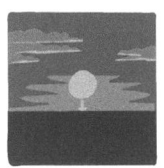

晚上

вече

工作日

радни дани

週末

викенд

雨
▶ киша

彩虹
▶ дуга

風
▶ ветар

雪
▶ снег

春
▶ пролеће

夏
▶ лето

秋
▶ jeceн

冬
▶ зима

天氣預告
метеоролошка прогноза

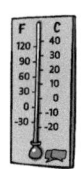

溫度計
термометар

陽光
сунчана светлост

雲
облак

霧
магла

潮濕
влажност ваздуха

閃電

мoptions

打雷

грмљавина

風暴

олуја

冰雹

туча

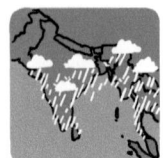

季風

монсун

洪水

поплава

冰

лед

一月

јануар

二月

фебруар

三月

март

四月

април

五月

мај

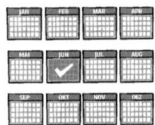

六月

јуни

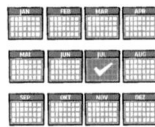

七月

јули

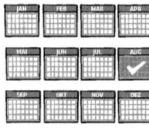

八月

август

年 - година

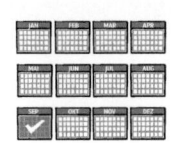

九月

септембар

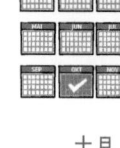

十月

октобар

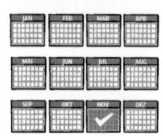

十一月

новембар

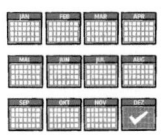

十二月

децембар

形狀
облици

圓形

круг

正方形

квадрат

長方形

правоугао

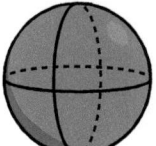

三角形

троугао

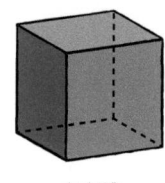

球體

кугла

立方體

коцка

白

бела

黃

жута

橙

наранџаста

粉

ружичаста

紅

црвена

紫

љубичаста

藍

плава

綠

зелена

棕

смеђа

灰

сива

黑

црна

很多/少許

много / мало

生氣/平靜

љутито / мирно

美/醜

лепо / ружно

首/尾

почетак / крај

大/小

велико / малено

明/暗

светло / тамно

兄弟/姐妹

брат / сестра

乾淨/骯髒

чисто / прљаво

完整/缺失

потпуно / непотпуно

白天/晚上

дан / ноћ

死/生

мртво / живо

寬/窄

широко / уско

可食用/非食用

jestivo / nejestivo

邪惡/善良

зло / добро

興奮/無聊

узбуђено / досадно

胖/瘦

дебело / мршаво

第一/最後

на почетку / на крају

朋友/敵人

пријатељ / непријатељ

滿/空

пуно / празно

硬/軟

тврдо / мекано

重/輕

тешко / лагано

餓/渴

глад / жеђ

生病/健康

болесно / здраво

非法/合法

илегално / легално

聰明/愚笨

паметно / глупо

左/右

лево / десно

近/遠

близу / далеко

新/舊

ново / половно

沒有/有些

ништа / нешто

老/幼

старо / младо

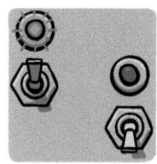

開/關

укључено / искључено

打開/闔上

отворено / затворено

安靜/吵鬧

тихо / гласно

富/窮

богато / сиромашно

對/錯

тачно / погрешно

粗糙/光滑

храпаво / глатко

傷心/高興

тужно / сретно

短/長

кратко / дуго

慢/快

полако / брзо

濕/乾

мокро / сухо

溫暖/涼爽

топло / хладно

戰爭/和平

рат / мир

0
零
нула

1
一
један

2
二
два

3
三
три

4
四
четири

5
五
пет

6
六
шест

7
七
седам

8
八
осам

9
九
девет

10
十
десет

11
十一
једанаест

12
十二
дванаест

13
十三
тринаест

14
十四
четрнаест

15
十五
петнаест

16
十六
шестнаест

17
十七
седамнаест

18
十八
осамнаест

19
十九
деветнаест

20
二十
двадесет

100
百
стотину

1.000
千
хиљаду

1.000.000
百萬
милион

英語

енглески

美式英語

амерички енглески

普通話

мандарински кинески

印地語

хиндски

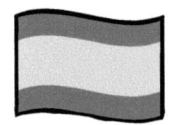

西班牙語

шпански

法語

француски

阿拉伯語

арапски

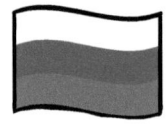

俄語

руски

葡萄牙語

португалски

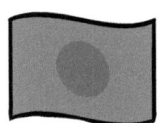

孟加拉語

бенгалски

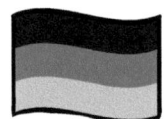

德語

немачки

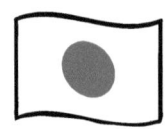

日語

јапански

我

ja

你

ти

他/她/它

он / она / оно

我們

ми

你們

ви

他們

они

誰？

Ко?

什麼？

Шта?

如何？

Како?

何處？

Где?

何時？

Када?

名字

име

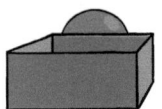

後面

иза

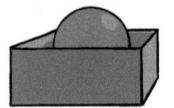

裡面

у

前面

испред

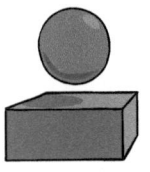

上方

преко

上面

на

下麵

испод

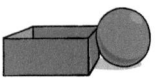

旁邊

поред

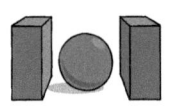

中間

између

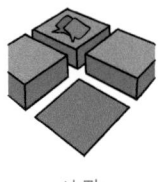

地點

место